中小学生金融知识普及丛书·金融理财课堂系列

李庄

金融理财课堂

之实战篇

中国金融出版社

责任编辑：孔德蕴　王素娟
责任校对：孙　蕊
责任印制：裴　刚

图书在版编目（CIP）数据

金融理财课堂之实战篇（Jinrong Licai Ketang zhi Shizhanpian）／李庆伟，
黄筱编著．—北京：中国金融出版社，2012.6

（中小学生金融知识普及丛书·金融理财课堂系列）

ISBN 978-7-5049-6255-3

Ⅰ．①金…　Ⅱ．①李…②黄…　Ⅲ．①金融投资—青年读物②金融投资—
少年读物　Ⅳ．① F830.59-49

中国版本图书馆 CIP 数据核字（2012）第 013711 号

出版
发行　　**中国金融出版社**

社址　北京市丰台区益泽路 2 号
市场开发部　（010）63266347，63805472，63439533（传真）
网上书店　http://www.chinafph.com
　　　　　　（010）63286832，63365686（传真）
读者服务部　（010）66070833，62568380
邮编　100071
经销　新华书店
印刷　北京侨友印刷有限公司
尺寸　185 毫米 ×260 毫米
印张　6.75
字数　60 千
版次　2012 年 6 月第 1 版
印次　2012 年 6 月第 1 次印刷
定价　18.00 元
ISBN 978-7-5049-6255-3/F.5815
如出现印装错误本社负责调换　　联系电话（010）63263947

金融教育从娃娃抓起努力
提高全民金融意识

为"中小学生金融知识普及丛书"题

二〇一二年 五月 李贵鲜

编委会成员名单

序　言

随着我国社会主义市场经济的不断发展，金融日益向社会的每个角落渗透。不但办企业、开公司要存款、贷款、资金结算，个人生活也要经常存款、取款、刷卡消费、贷款买房，有了闲钱还要炒炒股、理理财，开辟一下财源。很明显，金融已经生活化了，生活也金融化了，可以说，现代生活离开金融寸步难行。但是，凡事都有两面性，近年来金融创新层出不穷，令人眼花缭乱，在为经济和社会生活带来极大便利的同时，也把风险带给了人们。作为个人，只有了解金融，具备一定的金融知识，才能趋利避害，真正做到金融为我所用，提高生活质量；作为国家，只有广泛普及金融知识，提高公众的金融素质，加强风险教育，才能维护金融稳定，加快金融发展，进而促进社会和谐。

相对于金融发展的要求而言，我国的金融教育仍十分滞后，社会公众接受金融知识的渠道和手段相当匮乏。作为全国人大代表，近年来，我一直呼吁普及金融知识，呼吁从小学生开始加强金融教育。在西方发达国家，20世纪90年代其中小学校就已经开展了金融教育，美国更是把每年的4月作为金融扫盲月，反观我国，至今仅有上海开展了相关普及活动。

《中小学生金融知识普及丛书》的问世，令人欣喜，填补了国内中小学生金融知识普及方面的空白。细细读来，我感觉丛书有以下几个突出特点：其一，趣味性。这套丛书图文并茂，大量使用漫画插图、故事性体裁及网络语言，很容易吸引中小学生读者。其二，实践性。丛书用最通俗的语言文字，结合国内金融市场中理财产品的实际情况，介绍了一些常见的理财工具。其三，系统性。丛书内容没有面面俱到，但重点突出，有一个严谨的知识体系，由浅入深、由表及里，在普及理财知识的同时兼顾普及经济金融知识，并且针对不同阶段的学生，内容也有所侧重。其四，启发性。一本好书不仅要把知识灌输给读者，更重要的是要能打开读者思考的闸门。在这方面，丛书无疑作出了很大的努力。

"十年树木，百年树人。"无论是着眼于培育高素质的金融消费者，还是造就合格的金融从业人员，加强对中小学生的金融教育，塑造讲诚信、懂金融、知风险、会理财的当代新人，都是一项利在千秋、居功至伟的事业。这一事业才刚刚起步，任重而道远，希望《中小学生金融知识普及丛书》能够帮助中小学生逐步了解和积累金融常识，树立正确的风险意识和价值观念，也希望有更多的像《中小学生金融知识普及丛书》一样优秀的图书问世，为普及金融知识、加强公众金融教育添砖加瓦。

中国人民银行济南分行行长

杨子强

目　录

第一课
我的钱，我做主

第一课　我的钱，我做主

孔圣人说过，要知行合一。也就是说，学习和实践要结合起来，学以致用。理财不仅仅是一堆大大小小的道理，更重要的是对财务的管理和规划。也许，你有疑问：我还是学生，又没有收入，理个什么财啊？呵呵，别急，学生理财，可是新的趋势和潮流呢！

>> 第一节　打理好你的零花钱

同学们每个人都有属于自己的零花钱，你是怎么安排这些钱的去向的呢？赶快填填吧！

你每个月的零花钱大约是_____元。

分配：

零食_____元；

学习用品、书籍_____元；

交通费_____元；

娱乐_____元；

其他_____元；

剩余_____元。

剩余的钱你是存进银行还是_____。

和同学们讨论一下：你觉得自己对零花钱的安排是否合理？有没

有需要改进的地方？怎样安排才算更合理呢？

◆ 理财"三部曲"

第一步，勤俭节约，从细节做起，培养自己正确的理财习惯。勤俭节约并不是吝啬到降低生活品质，而是提前做好消费计划（例如，

上超市可提前列个单子）。坚持每天记账，控制不必要的开支，让自己对钱的流向做到心中有数。合理安排资金，理性应对每项生活支出，以便在急着花钱的时候有所准备。这不仅是理财规划的第一步，更是理财中一个永恒的经典。

第二步，要制定理财目标。这个目标必须是一个量化、有期限的目标。例如，买车不是目标，而是要买个什么样的车，打算几年内买。

第三步，要持之以恒，严格执行。理财规划，最难的在于执行。制订计划时我们都会很兴奋，因为确定了目标，有了奋斗的冲劲。刚执行时，觉得新鲜，能够很好地执行。但是久而久之，同学们有可能

放弃或是为自己找借口不执行计划。那么，理财目标将不能实现。

》 零花钱的使用小窍门

1. 量入为出，开源节流

积累财富，一定要养成量入为出的习惯，否则赚再多的钱都会被挥霍掉，最后只能是两手空空。因此，我们一定要做好计划，除去必要的支出外，剩余的钱放在银行里或由父母保管。现在比较适合同学们的储蓄方式有教育储蓄和零存整取定期储蓄两种。

2. 坚持组合投资

这也是生钱的主要途径。对于我们来说单靠节流攒钱是不够的，有时通货膨胀会使它贬值，所以，要保值除了攒钱还要投资。比较适合同学们投资的有教育储蓄、基金定投和保险等。

3. 学会记账

坚持每天记账，建立自己的理财小账本，及时作出总结，减少不必要的开支。

》》 第二节 我的理财小账本

很多同学都会遇到这种情况：月初父母给的零花钱足够用，可钱花不到月底就没了，再向父母伸手要会觉得很不好意思。这是什

么原因造成的呢？是因为平时花钱没有计划，见什么买什么，到最后没用的东西买了一大堆，而必需的支出却无钱可用。学着建立自己的理财小账本吧！长期坚持下来，你会觉得这是一种非常有效的理财方式。

⊙ 制定本月支出计划

同学们可以预见性地计划本月的财务支出，例如，开学前计划购买的学习用品，教师节、父亲节、母亲节等购买的节日礼物，假期出游的费用等。

月支出计划表						
周一	周二	周三	周四	周五	周六	周日

本月计划：

⊙ 填本月的收入支出流水账表

填表顺序依次为日期、收入及支出相对应的内容、收入或支出的金额、本月余额等。

收入就是指同学们收到的钱，比如压岁钱、平时父母给我们的零花钱、同学们投资股票或基金等的分红及收益……

支出就是同学们平时花的钱，比如，买学习用品、春游等旅游花费、购买各类报刊书籍等。

在此，请同学们记住一个公式：

上月余额+本月收入合计−本月支出合计=本月余额

月收支情况表					
日期	星期	内容	收入	支出	余额
		小计			
		合计			

本月总结：	
本月总收入	
本月总支出	
余额	

▶ 年终结账

一年结束了，看看同学们全年总共收入了多少钱，支出了多少钱，余额是多少。分析一下我们一年的花费是否合理，是否还有开源节流的地方；是否在股票、基金、银行理财产品等方面增加了收入，资产收益是否实现了最大化。

嘟嘟！我的圆形轮胎。

在衡希望拥有一辆属于自己的车。

"呜呜？"

在衡希望能和爸爸一样开私家车，可是，在衡现在还小不能开车，而且在衡也没有那么多钱。

在衡一直在为怎样才能拥有属于自己的车而苦恼，最后他决定买一辆自行车，因为自行车也是"车"。

在衡到了自行车销售店。

"叔叔，我可以参观一下自行车吗？"

"当然啦。是你骑的吗？"

"嗯。"

"那边是没有变速器的，这边是有变速器的。你先看看，有什么想问的就问我吧。"

在衡仔细观察着每一辆自行车。

"叔叔，有变速器的是好的吗？"

"嗯，有变速器的话，上地势高的地方会比较容易，汽车不也有变速器吗？"

"噢，原来如此。"

经过一番仔细观察之后，在衡挑出了一辆自己心仪的车。

"叔叔，这辆自行车多少钱啊？"

"21挡变速，你挑了一辆好车呀！这辆车十三万五千块，给你便宜点儿，你就给我十三万吧。"

"十三万是吗？那我下次再来买。叔叔，你一定要给我留着这辆车呀。"

"好，下次再来吧。"

在衡回到家后拿出了放在抽屉最里面的存钱罐，存钱罐里有在衡一点一滴攒下来的三万七千五百五十元。

"唉，还得攒十万块呢。"

在衡叹了口气，从书包里拿出了记账本。

"从现在开始我要制订计划，靠自己的能力买车。"

他打开记账本，在最上面写上了"嘟嘟！我的圆形轮胎"，然后开始制订起了计划：

首先，节省零花钱。

其次，每天捡5个空瓶。

最后，把不需要的东西拿到学校卖掉。

在衡制订完计划后立马走出家门去捡空瓶。

在衡在家附近的路上和社区运动中心捡了两个可乐瓶和一个啤酒瓶，他立刻拿到回收站。

"阿姨，给您空瓶。"

"给你钱。"

"嗯。"

"一个可乐瓶四十元，一个啤酒瓶五十元，一共一百三十元。"

这位阿姨给了在衡一百三十元。

在衡紧握着钱回到了家里。

他打开记账本，开始一笔一画地记录下来。

第一次挣钱，一百三十元。

从此以后，在衡每天都会花一个半小时去捡空瓶。

有时候他一下子可以捡到5个瓶子，有时候却连一个瓶子都捡不到。

"在衡，你们家破产了吗？你干吗每天捡空瓶子啊？"

"不是，我想买车。"

"车？"

"什么车？"

"嘟嘟叫的车！"

同学们都靠了过来。

"私家车？"

在衡点了点头。同学们看着在衡，一个个都嗤之以鼻。

"哼，你怎么能买得起那么贵的车呢？而且还是靠捡空瓶。"

"对呀，你又没有驾照，而且因为你太小了，所以连驾驶员考试都报不了名呢。"

"谁说要买大人那种私家车了？我要买属于自己的私家车。"

"嗯？那是什么意思？"

"自行车。"

同学们一副不以为然的表情，都在取笑在衡。

"在衡，不就是一辆自行车吗？你让你妈给你买一辆不就行了吗？你捡这些空瓶，什么时候才能买上呀？"

"我不会求爸妈的。我要靠我自己的能力买我的第一辆私家车，那样才更有意义。"

"意义？"

"是呀。虽然现在只是自行车，但是以后会变成真正的私家车的。当然，那时我也会凭我自己的能力去买。"

看到在衡极其自信的表情，同学们不再取笑他了。

3个月后，在衡真的靠自己的努力买了一辆21挡变速自行车，他吹着口哨骑着自行车到了学校。

"看到了吧？现在我可以自己去旅游了，而且我可以把妈妈重重的菜篮子放到车上。当然，还可以让那些生病的同学搭我的车。哈哈哈！"

资料来源：摘自（韩）柳泳珍著，崔圣爱译：《小富翁是教出来的：跟孩子一起学理财的24个财商故事》，华夏出版社，2009。

>> 第三节　榜样的力量是无穷的

⊙ 华人首富李嘉诚：100港元换一枚硬币

李嘉诚为人十分节俭，穿着也是十分朴素，不论你什么时候见他，他总是佩戴一块仅值几十美元的精工牌手表。有一次李嘉诚从酒店里出来，一掏兜一枚硬币从兜里掉了下来，并顺着沟渠滚去，当他弯下腰想要捡时，酒店的保安抢先替他捡了起来。李嘉诚收起了这枚硬币，然后拿出100港元给了这名保安。他的随从大惑不解地问："这是为什么？"李嘉诚说："如果不把这枚硬币捡起来，它很可能滚进沟渠，或者被汽车压在土里面，制造这枚硬币的金属就浪费了，这枚硬币也就浪费了。我们把它捡起来，是因为硬币还有它的用处。"他的随从又问："您为什么给那个保安100港元呢？"李嘉诚说："这是两码事，我给他100港元，是给他的报酬，这100港元对保安来说是有用的。钱可以用掉但不可以浪费掉。"看来，节约钱、爱惜钱已经成为李嘉诚的一种习惯。

世界首富比尔·盖茨：拒绝超值消费

在1995年到2007年的《福布斯》全球亿万富翁排行榜中，比尔·盖茨连续13年蝉联世界首富。然而，让人意想不到的是，这位世界首富没有自己的私人司机，公务旅行不坐飞机头等舱却坐经济舱，衣着也不讲究什么名牌；更让人不可思议的是，他还对打折商品感兴趣，不愿为泊车多花几美元……为这点"小钱"如此斤斤计较。

一次，他与一位朋友前往希尔顿饭店开会，那次他们迟到了几分钟，所以，没有停车位可以容纳他们的汽车。于是他的朋友建议将车停放在饭店的贵宾车位。比尔·盖茨不同意，他的朋友说："钱可以由我来付。"比尔·盖茨还是不同意，原因非常简单，贵客车位需要多付12美元，比尔·盖茨认为那是超值收费。

比尔·盖茨在生活中也遵循他的那句话："花钱如炒菜一样，要恰到好处。盐少了，菜就会淡而无味，盐多了，苦咸难咽。"所以，即使是花几美元，比尔·盖茨也要让它们发挥出最大的效益……

🔵 富豪热衷慈善事业

你可能以为李嘉诚、比尔·盖茨是"抠门的有钱人"，但他们对慈善事业却毫不吝啬。李嘉诚通过李嘉诚基金会及各种途径向社会公益事业捐赠了140多亿美元；2008年比尔·盖茨正式退休时，将自己的全部财产拿出来创办了以他和妻子的名字命名的"比尔和梅琳达基金会"，将这笔钱用于研究艾滋病和疟疾的疫苗，并为世界贫穷国家提供援助。

从李嘉诚和比尔·盖茨对金钱的态度我们可以得知，合理利用财富比拥有多少财富更为重要，金钱不是人生的一切，同学们从小要培养正确的人生观和金钱观，正确看待金钱和人生的关系，不能将金钱视为人生的一切，人的一生有许多宝贵的财富值得你去追求，比如学业、事业、亲情、友谊……很多人因为财迷心窍付出了沉重的代价，让金钱支配了你的生活，既享受不到快乐的人生，又无法领略成功的喜悦，一生将会在浑浑噩噩、碌碌无为中度过。

≫ 第四节　生活要学会"量入为出"

英国文学家狄更斯的小说《大卫·科波菲尔》中的人物米考伯先生说过这样一句话："一个人，如果每年收入20英镑，却花掉20英镑

6便士，那将是一件最令人痛苦的事情。反之，如果他每年收入20英镑，却只花掉19英镑6便士，那将是一件最令人高兴的事。"这句简单易懂的话道出了一个深刻的道理，那就是人生要过得快乐，就必须量入为出，过度消费会给生活带来无穷的烦恼。

量入为出的意思是根据收入的多少来决定开支的限度。"量入为出"，是我国古代哲人对当家理财的精髓总结，在今天仍具有重要的现实意义。也许有人会说："这个道理我知道，这叫做节约，就像吃蛋糕，蛋糕吃完了就没有了。"但是，知道是一回事，能不能身体力行又是另一回事，很多人就是在明知这个道理的情况下破产的！量入为出是人们理性消费的基本原则，一旦违背了，就会形成困扰生活的债务链，从而削弱人们的消费能力。

事实上，最终决定一个人财富多少的，不是收入，而是支出，只有学会量入为出，才能成为真正的富人。

怎样才能养成量入为出的习惯呢？前面向同学们介绍了建立理财小账本的方法，可以以此作为开销的准绳。还有一些小技巧，可以让大家养成和巩固这样的习惯。

❯ 口袋里少装钱

口袋里不要装过多的零花钱，少带些钱，够日常开支就行，如果身边没带钱，便不会大把地花钱了。

设置储蓄罐

每天回家后，把所有的零钱投入到储蓄罐里，以使"聚宝盒"快速成长。当然，你的口袋里要留足第二天的零用钱。

养成储蓄的习惯

中国××银行

定期储蓄

在超前消费的诱惑下，你最好牢记一条重要的原则：储蓄一部分钱作为未雨绸缪的资本。

购物要有目的

你可以将需要买的东西列出一张表来，然后依单购买。要克服从众心理，避免盲目购物，应把每一笔钱用在刀刃上，才不会浪费金钱。

小结 理财应从小做起，同学们的理财计划完全可以从打理你的零花钱做起。可别小看零花钱，理财得当，这可是一笔不小的收入呢！理财要有规划，建立理财小账本是理财规划的基础，要理财先要学会记账。

富豪李嘉诚和比尔·盖茨教给我们的不仅仅是赚钱的本领，更重要的是对待金钱的态度，合理利用财富比拥有多少财富更为重要，金钱不是人生的一切。

理财的关键是量入为出。最终决定一个人财富多少的，不是收入，而是支出，只有学会量入为出，才能成为真正的富人。

思考与练习

★ 1. 从李嘉诚和比尔·盖茨对待金钱的态度及行为上带给你们怎样的启示？

★ 2. 尝试建立自己的理财记账本。

第二课
钱生钱，有门道

第二课　钱生钱，有门道

　　不会管理金钱，富翁会沦为乞丐；善于支配金钱，乞丐也会变为富翁。富人为什么能成为富人？因为他们不仅拥有正确的金钱观念，还懂得科学地管理金钱，善于利用钱去赚钱。而穷人呢，即使每日起早贪黑辛苦忙碌，如果不善于管理金钱，不懂得拿辛辛苦苦挣来的血汗钱去赚钱，反而随意拿去挥霍，最终的结果只能是继续穷忙。财富是靠智慧创造的，拥有理财智慧，学会科学地管理金钱，让手中的钱动起来，以钱赚钱，才能为人生创造更多的财富。

》 第一节　富口袋先从富脑袋开始

天下没有免费的午餐

　　很多同学在家里都是独生子女，从小不愁吃穿，没有为花钱为难过，可能对金钱存在认识上的误区，认为钱来得很容易，父母就是银行，就是提款机，缺钱了跟父母要就行。同学们必须深刻地认识到：金钱不是从天上掉下来的，更不是想从提款机提多少就有多少的，而是父母通过辛勤工作换来的，人不能一辈子靠父母，总有脱离父母独立生活的那一天，唯有辛勤劳动，为国家、为社会多作贡献，才能获得回报，享受财富人生。认识到这一点，你才能对金钱的价值有正确的认识，为今后的理财打下基础。

😊 等财神，不如学财技

既然天下没有免费的午餐，那么空等财神，不如先学财技，也就是要学习理财知识，掌握理财技巧。很多人在理财的道路上走了不少弯路，栽了不少跟头，或盲目跟风，或忽视风险，究其原因是理财知

识匮乏，缺乏正确的理财技巧。做任何事情都要讲技巧，理财概莫能外，理财无小事，理财技巧运用得好坏，直接关系到理财的成败。那些成功者之所以能赚得盆满钵溢，前提是他们重视对理财知识的积累和善于运用正确的理财技巧，如果没有理财知识，即使机会近在眼前也不会被发现。机会总是青睐那些有准备的人，巴菲特说得好："最

好的投资，是学习、读书，总结经验、教训，充实自己的头脑，增长自己的学问，培养自己的眼光。"

❯ 理财习惯价值百万

理财是一种习惯，一个人在努力学会赚钱、用心花钱以后，还要养成良好的理财习惯。良好的理财习惯可以让我们所拥有的财富在保值的同时更好地增值，可以使我们获得固定收入以外的收获，使我们的生活更加丰富、优越。好的理财习惯有很多，比如节俭的习惯、计划消费的习惯、记账的习惯、学习理财知识的习惯等。

同学们可以从自己可支配的压岁钱入手培养好的理财习惯，每年将压岁钱存成银行定期储蓄，长期坚持下去，几年后，你会发现自己有一笔可支配的不小收入；可以尝试制订简单的开销计划，建立消费小账本，根据需求添置学习用品或用压岁钱交学费，也可以利用压岁钱为长辈、老师、同学购买节日礼物，增进亲情和友情。

与好的理财习惯相对应的是铺张浪费、透支消费、不计划消费等坏习惯，对此要坚决克服和摒弃。前世界拳王泰森就是一个理财的反面例子。泰森在20年的拳击生涯中总共赚取达数亿美元的收入，但是2005年却不得不向法院申请破产保护。是什么原因使这个昔日腰缠万贯的世界拳王沦落为身无分文的穷光蛋呢？最主要的原因是泰森个人挥霍无度，毫无理财规划，举办一次生日宴会就要花去41万美元，买一块手表要花掉100万英镑，支出远远大于收入，想不破产都难。

同学们对学业、对事业要学习泰森那种勇往直前、永争第一的精

神，但花钱、理财可千万不能学他。

>> 第二节 理财的关键在于善用钱财

美国石油巨头洛克菲勒是个懂得运用金钱的人。有一次，洛克菲勒的公司打算盖间仓库，请来两名建筑工人，这两名工人是一对兄弟，哥哥叫约翰，弟弟叫哈弗。仓库盖好后，兄弟俩来到洛克菲勒的公司领取工资。洛克菲勒对他们说："赚了钱应该储蓄起来，现款如果到了你们手中，一定很快就花光了，不如把它换成我们公司的股票，作为你们的投资如何？"约翰听了，觉得挺有道理，当场便答应了。但是哈弗不愿意，坚持要领取现款。结果没多久哈弗就把钱花光了，而约翰因为公司股票涨价，成为一名富翁。这个故事带给我们的启示是：善于运用金钱，才能致富，假如把钱花到不该花的地方，不但没法积聚财富，一旦有急用也只好干着急。

理财投资的关键在于善用钱财。但是，在日常生活中，有很多人不注重细节，对1元钱、2元钱的损失持无所谓的态度，认为对生活不会产生太大的影响。其实，善用钱财，合理地利用这些小钱，将钱的价值发挥到最大限度，积累巨额财富是完全可能的。

如果一个人一天白白浪费2元钱，一个月就是60元，一年就是720元，50年就是36 000元。如果他把这笔钱存入银行，并选择零存整取的方式，那么所得的钱要远远多于36 000元，虽然不是大数目，但如果能合理利用，获取更多金钱是完全有可能的。

在生活中，如果能科学地理财，就能轻松享受美好生活。善用钱财是开启财富宝藏的钥匙，可以实现财富的价值。所以，要充分发挥每一分钱的作用。只有善用每一分钱，才能让钱生钱，才能增加收入、减少浪费、改善生活水平，使财务状况达到最佳状态。

》 第三节　掌握复利投资的奥妙

同学们要明白，理财最大的奥妙在于何处，那就是利用了货币的时间价值，也就是"复利"投资的奥妙。爱因斯坦曾经形容复利是"数学有史以来最伟大的发现"。复利听起来复杂，说穿了就是：除了用本金赚利息，累积的利息也可以再用来赚利息。

让我们通过美国早期的总统富兰克林的一则轶事来认识复利。1791年，富兰克林过世时，捐赠给波士顿和费城这两个他最喜爱的城市各5 000美元。这项捐赠规定了提领日，提领日是捐款后的100年和200年：100年后，两个城市分别可以提50万美元，用于公共计划；200年后，才可以提领余额。1991年，200年期满时，两个城市分别得到将近2 000万美元。

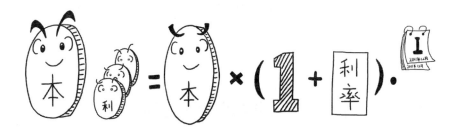

富兰克林以这个与众不同的方式，向我们显示了复利的神奇力量。富兰克林喜欢这样描述复利的好处："钱赚的钱会赚钱。"

复利的秘密在于：时间就是金钱。复利，这个被爱因斯坦称为比原子弹还要具有威力的工具，简单地说就是"利上加利"，其计算公式是：本利和=本金×（1+利率）^{n}（n为期数）。

举个例子：10 000元的本金，按年收益10%计算，第一年年末你将得到11 000元，把这11 000元继续按10%的收益投放，第二年年末是11 000×1.1=12 100元，第三年年末是12 100×1.1=13 310元，到第八年就是21 400元。

同理，如果你的年收益率是20%，那么三年半后，你的钱就翻了一番，10 000元变成20 000元。如果是20万元，三年半后就是40万元，效果相当惊人吧！

虽然初次投入的钱微不足道，但是随着投资时间的延长，投资回报率就会以几何级数增长。因此，希望尝到投资复利的甜头，就一定要尽可能地延长投资时间。

掌握了这其中的奥妙，就能够帮助你快速计算出财富积累的时间与收益率的关系，非常有利于你和你的家庭在进行不同时期的理财规划时选择不同的投资工具。

》 第四节　理财的八大门派

让"钱生钱"，也就是要学会投资理财。而投资理财的渠道，就像武侠小说中的各大门派一样，各有各的特点。常见的投资理财的八大门派分别是：少林派——储蓄、武当派——债券、峨嵋派——股票、华山派——房地产、青城派——期货、崆峒派——基金、昆仑派——外汇、天山派——收藏。让我们分别了解一下理财各大门派的优势和劣势，从中选出适合自己的理财方式和最佳组合。

门派／ 理财方式	优势	劣势	适合人群
	幼儿园到大学毕业的支出		
少林派 储蓄	少林武术源远流长，实力雄厚，乃天下武术之根基。储蓄是所有理财方式的起点，收益稳定，风险低。	收益率较低，且易受通货膨胀的影响，在高通货膨胀时期，储蓄存款常处于"负利率"状态。	处于资金原始积累阶段的个人和家庭
武当派 债券	武当派也是江湖上赫赫有名的门派，它虽然讲究清静无为，但不像少林派那么无欲无求，时不时也参与一些江湖纷争，这一点，和债券较低的风险、较高的回报很像。	投资债券也有风险，通货膨胀和本币贬值往往会使债券投资得不偿失。	有一定积蓄的个人和家庭
峨嵋派 股票	峨嵋派武功变幻多端，很像股市瞬息万变的行情。峨嵋派高手不多，但偶尔也会出一位绝顶高手，就像股市中出现巴菲特一样。	股票虽然机会多，但也是最难把握、风险最大的理财手段，很多人盲目入市，最终落得倾家荡产。	有足够闲余资金的人
华山派 房地产	华山派是武林大派，加入华山派需要一定的武术根基。投资房地产需要具备雄厚的资金实力，或自用或买卖或出租，方式灵活，收益率较高。	房地产的波动性要比股市小得多，但涉及资金数额巨大，投资失败，损失十分惨重。	拥有较为充足的资金实力的人
青城派 期货	青城派武功擅长"以大搏小"，这一点与期货投资类似，瞬息之间可以获取万利，具有极强的投机性。	青城派弟子常常互相攻击，往往怕其他的师兄弟爬到自己头上去，而期货买卖双方不断对立，不是你亏就是我赔的局面与此相类似。	正因为期货投资的投机性和冒险性，进入期货市场需要具备极强的心理素质
崆峒派 基金	崆峒派不乏高手，但因为崆峒派一向在武林中行事低调，很多人把它看成二流门派，这一点和基金很像。	所有的投资都有风险，基金也不例外，选择基金理财不能抱有投机心态，否则，损失会大于收益。	基金投资小、收益大、由专业的基金经理人管理，既省事、又省心，是较好的投资理财方式
昆仑派 外汇	昆仑派远离中土，一向被认为是外域来客，平常很少有人接触外汇，对其了解不多，觉得外汇离我们很远，其实外汇理财就在我们身边，其中也有不少赚钱的机会。	外汇理财最大的风险是汇率风险，外汇存款利率调整频繁，汇率风险无时不在。	用"闲钱"投资外汇，掌握市场信息和理财技巧方能在外汇市场有所收获
天山派 收藏	天山派弟子向来不多，因为它对弟子的选择过于严格，这与收藏如出一辙。收藏是一种融文化和智慧于一体的综合理财手段，需要丰富的专业收藏知识。	收藏与其他投资一样具有风险，在收藏市场上，一件艺术品的真伪难以判断，价格更是有天壤之别，没有扎实的收藏知识和经验，很容易在大量的赝品面前翻船。	收藏是一种长期的行为，需要不断锤炼，有丰富的收藏知识和经验，才能辨明真伪

小结 美国作家马克·吐温说过："如果你懂得使用，金钱是一个好奴仆；如果你不懂得使用，它就会成为你的主人。"假如你不去管理金钱，没有好的理财习惯，今天你可能是富翁，明天你也许就会变成穷光蛋。一定要科学管理金钱，掌握"钱生钱"的技巧，寻找适合自己的理财投资渠道，让财富不断增值，只有这样才会构筑完美人生。

理财最大的奥妙在于复利投资，复利的秘密在于：时间就是金钱。理财贵在持之以恒、日积月累，一夜暴富只是一种偶然现象。只有掌握并运用正确的理财方式，才能开启财富的大门。在后面的章节中，我们将一起详细了解理财的"八大门派"。

思考与练习

★ 1.同学们从泰森失败的理财经历中得到了什么样的启示？

★ 2.除了本课介绍的理财"八大门派"，同学们还知道哪些理财方式？

第三课
走近银行

大学毕业生创业贷款

第三课　走近银行

　　银行作为金融领域最重要的组成部分，在个人和家庭理财中的地位举足轻重。银行就像个超大型的金融超市，提供着五花八门的金融产品，满足了我们的生活和理财需求。在《金融理财课堂之知识篇》中，同学们知悉了银行的发展史，领略了银行的魅力。下面，让我们一起走近银行，进一步了解通过银行理财的妙处吧。

▶▶ 第一节　储蓄：最稳妥的理财方式

　　常言道："家中有钱，生活坦然。"储蓄是理财之本，将手中的闲钱存入银行，积累一定数额的本息，仍是目前老百姓最普遍适用的理财方式，小钱汇成大钱，关键时刻能派上大用场。

▶ 存钱的六个理由

1. 有储备资金，可以安心度日；

2. 有固定的利息收入；

3. 可以完成一些开销较大的理财目标；

4. 老来无后顾之忧；

5. 从容应付家庭或事业的变化；

6. 可以投资增值。

储蓄方式介绍

活期储蓄：适合用于普通生活的日常开支，灵活方便，无条件限制，适用性强。但活期储蓄利息低，长期存入大额款项并不划算，一旦活期账户结余了较大额的存款，应及时支取转为定期存款。

整存整取定期储蓄：是一种适用于较长时间不动用款项的储蓄方式。要注意巧用自动转存、部分提前支取（只限一次）、存单质押贷款等理财手段，避免利息损失和亲自跑银行转存的麻烦。

零存整取定期储蓄：适用于较固定的小额余款存储，优点是积累性强。但是这种储蓄比较死板，一定要长期坚持，不能连续漏存2个月。若存储了一段时间后放弃，损失会比较大。

存本取息定期储蓄：是一种积蓄资金的有效方法。但要使生息效果好，就得与零存整取储种结合使用，产生"利滚利"的效果。即先将固定的资金以存本取息的方式定期存起来，然后将每月的利息以零存整取的形式储蓄起来。采用这种方式时，可与银行约定"自动转息"业务，避免每月跑银行存取的麻烦。

定活两便储蓄：可随时支取，既有定期之利，又有活期之便。开户时不必约定存期，银行根据存款的实际存期按规定计息。但是要注意记住支取日期，确保存期大于或等于3个月，以免利息损失。

教育储蓄：对象为小学四年级以上的学生，存储金额由储户自定，每月存入一次（本金合计最高为2万元），具有客户特定、存期灵活、总额控制、利率优惠、利息免税的优点。

学会算利息

1. 计息的基本方式

由于存款种类不同，具体计息方法也各不相同，但计息的基本公式不变，即利息=本金×存期×利率，如存1 000元1年期定期储蓄，其利息=1 000元×1×3.0%=30元（以2011年2月9日中国人民银行公布的存款利率为例）。

2. 计息的基本规定

（1）储蓄利息不计复利。

（2）计息金额起点为元，元以下的角分不计利息。

（3）利息金额算至厘位，计至分位，分位以下四舍五入。

（4）存期计算算头不算尾。从存款当日起息，算至取款的前1天为止，即存入日应计息，取款日不计息。

储蓄也讲技巧

1. "活改通"储蓄法

通知存款利率高于活期存款利率，将活期存款改为通知存款，既不影响用钱的便利，又可以获得较高的利息收入。

2. 十二张存单储蓄法

将每月节约的款项都按照1年定期存入银行，1年下来，就有12张存期相同的存单，到期日分别相差1个月。一旦有急用，就可以支取到期或期限最近的存单，这样可以有效避免利息损失。

3. 四分储蓄法

如果你有1万元的现金，并计划在1年内使用，但每次用钱的具体金额和时间不确定，可以采用4分储蓄法。具体步骤为：将1万元分成4张存单，1 000元的1张、2 000元的1张、3 000元的1张、4 000元的1张，存期均为1年。这样，如果有1 000元的急用，只动用1 000元的存单就可以了，其余的钱仍然可以存在银行里"吃"定期利息。

▶ 安全存款七要素

1. 实名存款：储户在储蓄时必须使用真实姓名。存单或存折遗失，储户须持有与存单或存折上的户名一致的身份证件才能向银行申请挂失。

2. 仔细核实：储户必须仔细核实银行开出的存单、存折或打印出的户名、存期、金额等是否清晰正确，如有差错，应及时要求银行更正。

3. 记录要素：储户应记录好存单、存折或银行卡上记录的各项要素，如户名、账号、存入日期、存款银行地址或名称。这样，一旦发生存单、存折遗失或被盗情况，便于储户挂失时有据可查，银行迅速找到记录。

4．及时挂失：储户一旦发现存单、存折或银行卡被盗或遗失，应马上申请口头挂失，并及时带上身份证件，到存款开户的银行机构申请正式挂失。

5．设置密码：储户应采用存单加密码存储的方式。设置的密码只要自己记住，即使存单被盗，小偷也无法取款。

6．及时转存：定期存单到期后应及时提取或转存，否则若存单丢失，他人可持已到期存单取款。银行见单即付款，不审查身份证。

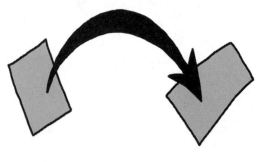

7．分开保管：在日常生活中，不要将存单、身份证、户口簿等放在一起，不要给不法分子以可乘之机。

>> **第二节　银行贷款：帮你实现财富理想**

理财意味着将个人资产实现优化配置，以期实现资产收益的最大化，而优化配置的过程不仅包括投资的过程，也包括融资的过程，银行贷款为我们提供了一条便捷的融资渠道。无论你是透支消费，还是投资经营，适度的贷款有助于实现资产的最优配置，既可以满足你的生活急需，也可以解决生产经营中最棘手的资金不足问题，帮你实现财富理想。

通过下面一则小案例，让我们了解一下银行贷款是如何帮助张小飞实现财富理想的。

▶ 理财案例：巧用动产质押贷款

张小飞开了一家经营陶瓷批发的店铺。前段时间，他与一家建筑商达成了20万元的地面砖供货意向，对方支付了4万元的定金，并要求他在半个月内送货。这种新型地面砖需要用现款进货，可张小飞的钱多数用在了存货上，因此去找亲戚朋友借钱，大家都知道他在"负债经营"，谁也不敢把钱借给他。

眼看着赚钱的生意要泡汤，张小飞一筹莫展。这时，在银行工作的朋友孔小明推荐他用自己新买的小汽车作质押办理动产质押贷款。于是，张小飞把小汽车交给银行作质押，及时取得15万元短期贷款，再加上4万元定金，张小飞顺利地做成了这单生意。在收到建筑商支付的货款时，他及时偿还了银行贷款，把汽车赎了回来。通过动产质押贷款，十几天的时间，张小飞净赚了6万元。尝到了甜头的张小飞，以后需要用到流动资金的时候，就用自己的汽车或仓库货物办理动产质押贷款，燃眉之急便解决了。

❯ 个人申请银行贷款应当坚持的原则

通过对上述理财案例的学习，我们可以得知，申请银行贷款的门槛并不高，只要你有正当的贷款需求、合适的担保方式，就可以取得银行贷款的支持。那么，个人向银行申请贷款应当坚持什么原则呢？

第一，诚信原则。个人应当按照银行的要求，如实提供自己的信息，包括个人基本情况、贷款目的、用途等。出于种种目的提供虚假信息，一经核实，银行是不会将钱贷给你的。不遵守诚信原则，实际上是自己关上了进入银行的大门。

第二，量力而行，适度贷款。申请银行贷款之前，要对个人和家庭现有经济实力作综合评估，并对个人未来的收入及支出作合理的预期，在此基础上制订谨慎的贷款计划，避免过度负债。否则，不仅会给未来的生活带来过度压力，还可能因不能按时还款损害了自己的信用记录，为以后再次申请银行贷款带来不便。

第三，按时还款，恪守信用。当银行把资金贷给

个人后，按约定还款是借款人的义务。一个对自己、对社会负责的个人，必须认真对待自己的合同义务，按时归还银行贷款本息。只有这样，才能"好借好还，再借不难"，良好的信用记录有助于获得更多的银行融资服务。

学生也可以贷款

银行贷款不仅仅可以满足个人生活消费和企业生产经营的需求，还可以满足在校学生的学习需要和刚毕业大学生的创业需要，帮助学生尽快地成长、成才。

助学贷款：这是银行向经济困难学生发放的，用于支付学杂费和生活费的贷款。助学贷款可以帮助家境贫困的学生圆自己的大学梦，减轻贫困大学生家庭的经济负担，这也是我国科教兴国战略的一项重要工程，有利于优秀人才的培育。

出国留学贷款：如果你想出国留学，但现有家庭存款还不能达到出国的要求，银行可以助你一臂之力，在获得签证后向银行申请出国留学贷款，就可以圆你的留学梦了。与助学贷款不同的是，出国留学贷款需要提供担保或抵押，主要有房产抵押、质押、他人担保等。

大学毕业生创业贷款：现在很多大学生毕业后想自己当老板，可创业需要启动资金，有"富爸爸"可以拉点儿"投资"，有"穷爸爸"可就要自己另想办法了。为此，现在国内很多银行已经开始为大学生创业提供贷款支持了。如潍坊银行联合共青团市委、人力资源和社会保障局举办的"青年创业大赛"，为包括大学毕业

生在内的创业青年提供创业平台、创业辅导和信贷支持，圆优秀人才的创业梦想。

>> 第三节 电子银行：理财新工具

现代生活的节奏越来越快，很多人没有时间去跑银行办业务，各商业银行为满足客户的需要，推出了网上银行、电话银行、手机银行

等电子银行新业务，让你足不出户，照样可以享受银行的优质服务，打理你的家财。电子银行不是理财的方式，而是银行推出的理财工具，是银行利用向社会公众开放的通讯通道、开放型网络以及专用网络，向客户提供银行服务。下面，让我们一起来了解一下电子银行的三种典型工具。

🔵 网上银行

在电子银行服务工具中，网上银行提供的服务种类最多、最齐全，包括投资理财、转账汇款、缴费支付和账户管理等多个方面。其中，网上个人汇款和网上支付业务受到广

大居民的青睐，过去必须到银行或邮局才能办理的烦琐的汇划业务，现在通过网上银行即可轻松"搞掂"。网上银行又被称为"3A银行"，因为它不受时间、空间限制，能够在任何时间(Anytime)、任何地点(Anywhere)，以任何方式(Anyhow)为客户提供金融服务。

办理网上银行业务的手续非常简单，只需携带本人身份证和需注册的银行卡或储蓄活期存折，到银行柜台填写申请表进行注册，开通网上银行账户后，便可享受包括网上汇款、网上支付、网上查询等服

务。比如，如果你想将本人账户资金汇往他人账户，或用于支付网上购物款项，只要知道对方的信用卡或活期存折账号，登录后轻松点击鼠标，即可迅速将资金划转至对方账户。

网上银行安全使用小贴士：

1. 不要在公共场所（如网吧）内使用网上银行。网吧的计算机很多都装有恶意监测程序，个人网上银行信息很有可能被盗用。

2. 不要使用计算机的自动记忆功能，使用此功能，浏览器会记住你的用户名和密码，也有被盗用信息的危险。

3. 不要随意关闭窗口页面，使用完毕后，应按"退出"按钮，按正常程序退出系统。

❯ 电话银行

目前，各家商业银行均设立了电话银行客户服务中心，如工商银行95588、中国银行95566、招商银行95555、潍坊银行0536-96588等服务电话，均可以为客户提供24小时金融服务。

申请电话银行开户，需持本人有效身份证件到银行开立活期或银行卡账户，然后在银行网点填写"电话银行

开户申请表"即可。电话银行业务开通后，根据个人的需要，可以办理以下业务：查询活期账户、信用卡等账户余额和历史交易明细，以及办理银行卡、存折等账户的临时挂失；进行资金划转和银证转账；自助缴纳手机费、寻呼费、电费等多种费用；传真服务客户使用音频直拨电话可以得到信用卡对账单、住房贷款利率表等各类传真表。需要注意的是，电话银行的密码应严格保密，客户每次使用电话操作后，放下电话应重新按任意数字键，以防止他人在你使用过的电话上获取资料，盗取存款。

〉 手机银行

对于经常奔波在外的人来说，网上银行和电话银行还是不能很好地满足随时随地管理银行资金的需求，而由银行与移动通信部门联合推出手机银行业务后便能满足这一要求了。使用手机银行，无须携带现金或银行卡，只要身带手机，就可以开启你的电子钱包，轻松支付，享受"无线、无现、无限"的生活乐趣。

如果你已经是移动通信的手机用户，只需携带身份证件到移动通信部门将SIM卡换成STK卡，然后到银行办理登记手续即可开通手机银行业务了。使用手机银行除可以办理支付业务外，还

可以即时办理账户查询、账户挂失、功能设置等业务。

小结　银行已经成为我们日常生活中不可或缺的组成部分，银行理财也是最值得信赖的方式。通过对本课的学习，我们走近了银行，了解了银行业务，让我们对银行理财方式有了新的认识。

思考与练习

★　1. 同学们接触过什么样的储蓄方式？

★　2. 网上银行与传统银行相比有什么优势？

第四课
买债券,既作贡献又"赚钱"

第四课 买债券，既作贡献又"赚钱"

债券是由政府、政府代理机构或公司发行的债务证券。债券有固定的利息收益，同时又能够转让，它是一种有价证券，可以像股票一样成为理财者的投资工具，又能够获得比股票稳定的投资回报。特别是购买国债，既支持了国家经济建设，又能获取收益，已经成为被老百姓所广泛接受的一种理财方式。

>> 第一节 可以放心地买债券

通过《金融理财课堂之知识篇》的学习，同学们知道了债券是什么。就债券本身而言，它是没有价值的，只因它代表着投资者将资金借给发行人使用的债权，所以能够在市场上按一定的价格进行买卖。债券的发行人是国家、地方政府以及业绩优良、信誉卓著的企业，并且其发行要经过严格的法律程序。因此，投资者可以放心地购买，一般来说，除非发行债券的企业破产，债券到期都要支付利息和归还本金，具有较高的安全性。债券的利率一般高于银行利率，投资于债券可以获得高于储蓄存款的收益。虽然股票投资者的收益更高，但它不如债券安全、稳定。当债券持有人因某种原因需要资金时，可以到证券市场上将债券按当时的行市卖出。

人们进行债券投资，看重的就是债券的安全性、流动性和收益

金融债券　　　国库券　　　企业债券

② 　安　全　程　度　 ③

性。然而，由于债券的发行单位不同、债券期限不同等原因，债券所体现出的特征程度也不尽相同。

国库券又称做"金边债券"，它以国家财政和政府信用作为担保，非常安全。金融债券的安全程度比国库券要低一些，但金融机构财力雄厚，信誉好，投资者仍然有保障。企业债券以企业的财产和信誉作担保，与国家和银行相比，其风险显然要大得多。一旦企业因经营管理不善而破产，投资者就有可能收不回本金。目前，对债券质量的考察，国际上通行的做法是评定债券的资信等级。一般来说，债券的资信等级越高，表明其安全性越高。从安全性角度考虑，家庭投资于债券，选择上市公司的债券较好，因为我国公司债券上市的条件必须达到A级。但资信等级越高安全性越高的情况也不是绝对的，而且有很多债券并没有评定等级，因此，在购买企业债券前最好还是对企业本身的情况作一些了解。

>> 第二节 债券是怎样评级的?

债券信用评级是指对债务发行人的特定债务或相关负债在有效期限内能及时偿付的能力和意愿的鉴定。其基本形式是人们专门设计的信用评级符号,证券市场参与者只需看到这些专用符号便可得知其真实含义,而无需另加复杂的解释和说明。

国际上最具权威的信用评级机构当属美国的标准普尔公司和穆迪投资评级公司。标准普尔公司把债券的评级定为四等十二级:AAA、AA、A、BBB、BB、B、CCC、CC、C、DDD、DD、D。为了能更精确地反映出每个级别内部的细微差别,在每个级别上还可以视不同情况加上"+"或"-"符号。这样,又可以组成几十个小的级别。

AAA、AA、A、BBB四种级别一般被认为属投资级别,其债券质量相对较高。

AAA代表的信用级别最高，表示无风险，信誉最高，偿债能力极强，不受经济形势的任何影响；AA表示高级，最少风险，有很强的偿债能力；A表示中上级，较少风险，支付能力较强，在经济环境变动时，易受不利因素的影响；BBB表示中级，有风险，有足够的还本付息能力，但缺乏可靠的保证，其安全性容易受不确定因素的影响，这也是在正常情况下投资者所能接受的最低信用度等级。

BB、B、CCC、CC、C、DDD、DD、D八种级别属投机级别，其投机程度依次递增，这类债券面临着大量不确定因素。C级一般被认为是濒临绝境的边缘，至于D级，则表示该类债券是属违约性质的，根本无望还本付息，如被评为D级，那发行人离倒闭关门就不远了。因此，是三个D还是两个D意义已不大。

三年储蓄＜三年国债

第四课　买债券，既作贡献又「赚钱」

>> 第三节 债券买卖的技巧

从事债券投资，需要掌握一定的策略和技巧，否则，可能会造成金钱损失。

❯ 投资期限相同，优先购买国债

面对多种理财投资工具时，譬如可以选择储蓄或购买国债，如果在相同的投资期限下，比如3年或者5年，最好是购买国债，因为国债的利率比储蓄要高。

❯ 利用时间差提高资金利用率

一般情况下，债券都有一个发行期，半个月或者一个月。如果想在发行期内买进，最好在最后一天购买。债券的到期时间也有一个兑付期，最好在第一天去兑现，从而减少资金占用的时间，相对提高债券的收益率。

❯ 选择高收益的债券

债券的安全性较高，收益介于储蓄、股票和基金之间。所以，在自身的风险承受能力较高的情况下，可以放心地购买收益较高的债券，如可转让债券和企业债券等。

❯ 比较利率高低后再决定是否买卖债券

在买卖债券时，要比较卖出前后的利率高低，估算是否划算。比如，在新的债券发行时，如果新债券的利率高于旧债券，可以提前卖出旧债券，然后再连本带利买入新债券，能够得到比旧债券到期兑付时高的收益。

利用地域差和市场差赚取差价

深圳证券交易所和上海证券交易所的同一个品种的债券价格不同，可利用各地区的差价，进行债券买卖，赚取差价。同时，两个不同债券交易市场的同一个债券品种也会有差价，所以，利用两个市场的差价也能够赚取利润。

第四节　教你鉴别假国库券

国库券是国家为了筹措财政资金，而向投资者出具的承诺在一定时期支付利息和到期还本的债务凭证。一些不法分子为了牟取暴利，利用人们对国库券不像和人民币天天打交道一样有防假意识的空子，以快要到兑换期限为时机，无视国法，不择手段地大肆制造假国库券。仅前几年发现的1997年第一期面值1 000元的假国库券，其数量之多，金额之大，是历史上罕见的。

识别假国库券可采取"一看、二摸、三听、四测"的鉴别方式。一看，是指看国库券的颜色是否饱满，图案和水印是否清晰。二摸，是指摸国库券纸质是否挺括，券面表面是否有凹凸不平的感觉。三听，是指用手轻抖国库券，听声音是否清脆。四测，是指利用简单的防伪工具，查看国库券是否有防伪标记，防伪标记是否清晰。

以1997年1 000元面值假国库券为例，有以下破绽。

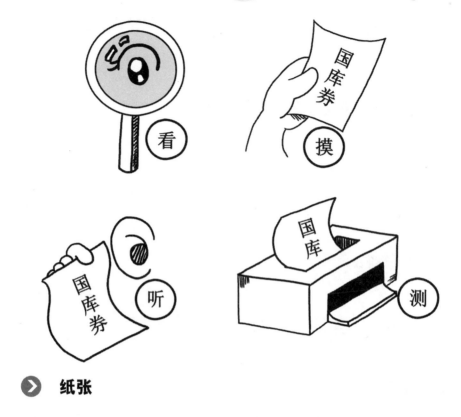

纸张

假国库券一般采用普通印刷纸，纸张松软，韧性差，用手抖动时声音发闷，大小与真券不同，在荧光照射下有不连续的荧光团。

水印

假国库券纸张中多数没有水印，有的伪造者用淡色油墨印刷到券面的正面或背面充当水印，这种假水印没有层次感和立体感，不用迎光透视，平放时即可看出。

防伪纤维

假国库券中的纤维一般有两种：一种是粘到表面，可从表面剥离；另一种是通过无色荧光油墨印刷到纸上或用彩色笔描到纸上，不能从纸中剥离。

❯ 印刷

假国库券正反面均为实线胶印，没有立体感。图案的颜色和真券相比有些发黄，背面"1997国库券"字体模糊，正面的花团拱形图案中缺少红色线条。

❯ 无色荧光印记

"仟圆假券"中印有与真券相似的无色荧光印记，但荧光强度比真券弱，且层次感不强。

❯ 防复印印记

假国库券用复印机复印后，会出现"GKQ"字样。

❯ 缩微文字

假国库券上的缩微文字字迹不清，目前最先进的复制技术都不能复制。

❯ 隐形图案

目前最先进的复制技术也不能再现这种效果。

❯ 冠字号码

假国库券采用非证券专用号码，码子粗糙，大小不一，排列不整齐，左右距离不等。

第四课　买债券，既作贡献又『赚钱』

 **小结**　债券投资比股票投资安全，收益比储蓄高，具有安全性、流动性、收益性相统一的优势，是个人理财

的好工具。从事债券投资，并非没有风险，债券投资同样面临着转让风险、经营风险、通货膨胀风险、违约风险、价格风险、利率风险等各种风险。所以，选择债券理财，需要掌握一定的策略和技巧来规避风险，实现收益最大化。

思考与练习

★　1. 我国的债券体系分为哪几类？

★　2. 如何实现债券收益的最大化？

第五课
基金理财：如何找一只能"下蛋"的"基"

第五课 基金理财：如何找一只能"下蛋"的"基"

基金的重要特色是专家理财。基金管理公司配备的投资专家，一般都有深厚的投资分析理论功底和丰富的实践经验，以科学的方法研究股票、债券等金融产品，组合投资，从而达到规避风险的目的。针对个人投资者来说，如果你的投资数额不足以购买一系列不同类型的股票和债券，或者你没有时间和精力去挑选债券和股票，购买基金是一种不错的选择。

>> 第一节 基金与其他理财方式的区别

基金不是股票

有一些投资者把基金和股票混为一谈，其实，并非如此。一方面，投资者购买基金只是委托基金管理公司从事股票、债券等投资，或者说，买基金是把钱交给专家操作，出资者按期获得一定比例的资金回报，而购买股票则是成为上市公司的股东。另一方面，基金投资于众多股票，能合理降低风险，收益较为稳定；而投资单一品种的股票不能分散风险，因此，收益的波动较大，风险也较大。

⮞ 债券基金与债券的区别

在第四课我们学习了债券的知识，了解到债券是一种有价证券和理财工具，而债券基金是基金的一种，只不过投资对象是债券。两者有着本质的区别，切不可混为一谈。

第一，投资者买债券，会定期得到固定利息收入，债券到期后收

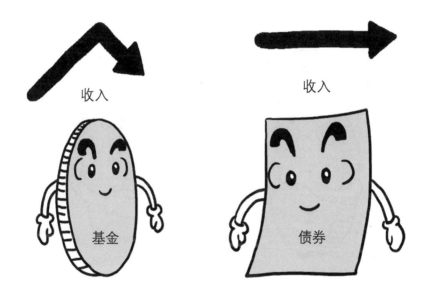

回本金。债券基金是一揽子债券的组合投资工具，虽然也会以分红形式将收益分配给投资者，但分配的收益是有升有降的，不像债券那么固定。

第二，债券是有期限性的，而债券基金是开放式基金形式，不存在到期日的说法，投资者可以在任何日期申购或赎回。

第三，因为利息和期限固定，债券的收益率容易计算，而债券基金的收益率很难预测。

第四，债券离到期日越近，承担的利率风险就越小。而债券基金的利率风险是根据投资债券的平均到期日来估算的，因此，利率风险也会一直保持一定水平。

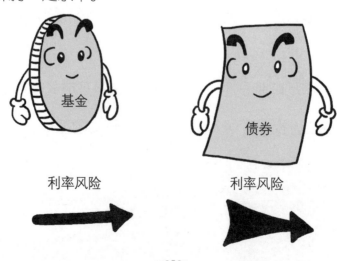

利率风险　　　　　　　　　利率风险

基金与银行储蓄的区别

第一，性质不同。银行储蓄表现为银行的负债，是一种信用凭证，银行对存款人负有法定的还本付息义务。基金是一种受益凭证，基金管理人只是代替投资者管理资金，并不承担投资损失风险。

第二，收益高低不同。基金的收益是不固定的，当市场行情好、管理人管理得好时，基金的收益就会较存款利率高，反之则低。银行储蓄的收益是利息，无论银行效益如何，利率都是相对固定的，不同银行的存款利率水平是相同的。

第三，风险程度不同。基金在证券市场投资，需要承担投资风险；储蓄存款代表商业银行的信用，本金有保证，利率固定，基本没有风险。

第二节 基金市场的成员

基金投资人

基金投资人是基金的持有人和出资者。同时，基金投资人又是受益人，享有基金资产的一切权益（如分红），并对资产负有限责任，即一切投资风险均由投资者自行负担。

基金管理人

基金管理人是负责基金的发起、设立及经营管理的专业性机构，也就是基金管理公司。其主要任务是依据合约制订基金投资计划，使投资者的资金效用达到最大化。基金管理人按基金资产总值的一定比率提取管理费，但它并不实际接触基金资产，基金资产由基金托管人持有。

🔵 基金托管人

基金托管人是基金资产的名义持有人与管理人。为保障广大投资者的利益，防止基金管理人任意支配基金资产，基金托管人便应运而生。在我国，基金托管人必须由商业银行担任。

🔵 基金承销人

市场上基金的买卖通常不是由投资者向基金管理人直接购买的，正如在商品市场上，消费者往往通过零售商购买商品一样，投资者购买基金要通过基金承销人。基金承销人一般由投资银行、证券公司或信托投资公司担任。

》 第三节　基金理财的技巧

🔵 投资基金需要掌握的基本原则

一是选基比选时重要。不少投资者都有这样的想法，希望在股市出现较大的调整后再投资基金，但牛市的特点却是易涨难跌，往往在等待中错失了时机。

二是不要对净值"畏高"。很多投资者有这样的误解，净值越低越好，实际上越是高净值的基金，说明基金经理的管理能力越强，创

造的累计收益越高。

三是构建基金组合。在基金理财过程中，不应只关注一只基金，而要注重债券型基金等低风险品种与混合型基金、股票型基金的有效搭配。可以选择同一家公司的不同理财产品，调整好各类基金的投资比例，做到进可攻退可守，从而有效规避风险。

四是闲钱定投。每个月，固定拿出一部分钱投资股票型基金，分散了风险，聚沙成塔，若干年之后将是一笔非常可观的财富。

❯ 如何选择基金公司？

选择基金，首先要选择基金公司。基金公司管理的规范与否、管

内文本：
选基比选时重要
不要对净值畏高
构建基金组合
闲钱定投

理水平的好坏直接关系到基金投资人的财产能否保值增值。要选择一家优秀的基金公司，投资者可以从以下几个方面考虑：

1. 规范的管理和运作，是基金公司必须具备的基本要素，是基金资产安全的基本保证。一看基金公司的治理结构是否规范合理，二看基金公司对旗下基金的管理、运作及相关信息的披露是否全面、准确、及时，三看基金公司有无明显的违法违规现象。

2. 基金公司的股东实力与重视程度是基金公司不断发展的重要基础。拥有深厚金融背景、雄厚实力的股东，可以让基金公司获得一个良好的运营平台。

3. 要关注基金公司历年来的经营业绩。不能只看某家公司某一只产品的短期表现，还要全面考察公司管理的其他基金的业绩。一只基金的"独秀"并不能证明公司的实力，旗下基金整体业绩出色的公司才更值得信赖。

4. 要注意挑选出色而稳定的基金经理。基金是靠人来运作的，在选择基金公司时也要注意选择有丰富从业经验及良好管理业绩的基金经理来帮你理财，帮你从琳琅满目的基金品种中挑选出最适合你投资的基金。

另外，基金公司的市场形象、对投资者服务的质量和水平也是选择基金公司时重要的参考因素。

第四节　基金定投

❯ 何谓基金定投？

所谓定投是定期定额投资的简称，是指在固定的时间以固定的金额投资到指定的开放式基金中，类似于银行的零存整取方式。基金定投有懒人理财之称，价值缘于华尔街流传的一句话："要想在市场中准确地踩点入市，比在空中接住一把飞刀更难。" 如果采用分批买入法，就克服了只选择一个时点进行买进和沽出的缺陷，可以均衡成

本，使自己在投资中立于不败之地，即定投法。

❯ 基金定投的优点

1. 长期投资收益可观

基金定投最大的好处是可以平滑投资成本，因为定投的方式是不论市场行情如何波动都会定期买入固定金额的基金，当基金净值走高时，买进的份额数较少；而在基金净值走低时，买进的份额数较多，即自动形成了逢高减筹、逢低加码的投资方式。长期下来，每月的分

散投资能摊低成本和风险，使投资成本接近大多数投资者所投成本的平均值。如此这般，在平摊了投资成本的前提下，时间的长期复利效果就会凸显出来，不仅资金的安全性较有保障，而且可以让平时不在意的小钱经过长期积累之后变成"大钱"。

2. 办理手续便捷快速

目前，已经有很多商业银行开通了基金定投业务，基金定投的进入门槛较低，投资者只需按银行和基金管理公司的相关规定提出申请，待开通"基金定投"业务后，银行将根据投资者申请的扣款金额、投资年限每月自动在其指定账户内扣款，操作十分方便。此外，已经开通此项业务的银行的网上银行和电话银行同样也可以接受基金定投业务的办理。

3. 费率优惠节省成本

和普通申购一样，在银行做基金定投业务，投资者一般也可享受一定的费率优惠。为了扩大自己的业务，有些银行会不定期地推出一些活动，降低申购等交易的费用，给投资者一定的优惠。

4. 平摊成本分散风险

利用定期定额方式投资基金可以平摊成本、分散风险，因为是每隔一段固定时间投资，不论市场行情如何波动，都会定期买入固定金额的基金，因此，在基金价格走高时买进的单位数较少，而在基金价格走低时买进的单位数较多，长期累积下来，成本及风险自然会摊低。

理财案例：买基金还是买房子？

关小羽和刘小备是同事，他们的收入以及储蓄情况相当。年初，关小羽看到当地房价逐步上涨，便以积攒的储蓄15万元做首付，买了一套两室一厅的房子，在同龄人中率先实现了有房梦想。而刘小备面对不断走高的房价有自己的想法，一是国家不断出台调控房价的宏观政策，他感觉所在城市的消费水平难以支撑过高的房价；二是年初的时候开放式基金价格普遍较低，所以他给自己定的理财思路是"先买基金，

后买房"。因此，刘小备把15万元储蓄全买成了开放式基金。

一年下来，关小羽买的房子仅仅升值了3％，如果算上贷款利息的话可能就贬值了；

而刘小备的基金却从1.1元涨到了2.2元，15万元变成了30万元。关小羽对自己的理财策略很是失望，口口声声说："早知道这样，当初也买基金就好了。"

▶ 小乔老师的理财分析

其实，选择买基金还是买房子，要因时而异、因人而异、因地而异，投资市场可以说瞬息万变，不能以过去房产上涨或基金上涨的收益来预测未来，买基金的收益可能几天就能显现，而房产的升值往往是一个缓慢的过程。

另外，理财不能只看收益，还要看生活质量，理财的目的因人而异，你不能简单地认为关小羽的选择就是错误的，因为关小羽起码实现了"居者有其屋"的生活理想。所以，人们常说，理财也是理心。

小结 通过本课的学习，我们初步认识了什么是基金，认识到基金有许多种类，对于基金理财者来说，只有选准适合自己的基金，选好基金公司，掌握基金理财的技巧与原则，方能达到基金理财的目的。

思考与练习

★ 1. 根据自己的理解，请按照风险大小，排列基金、股票、债券及银行储蓄的顺序。

★ 2. 基金托管人与基金管理人有什么区别？

第六课
股市有风险，投资须谨慎

第六课　股市有风险，投资须谨慎

　　购买股票是一种高收益、高风险的理财方式。要想在股市里赚钱，人们缺少的不是机会，而是发现机会的慧眼和投资制胜的能力。股票投资不是百米赛跑，而是马拉松竞赛；股市不是为那些只想试试运气、碰碰大运的人准备的，而是为懂它的人开设的，只有首先了解股票，才能成为股市行家。

>> 第一节　了解它，再去选择它

　　股票是何物？现在我们一起通过一个故事来了解它。

　　孔小明在中关村的一家电脑公司担任电脑设计师。他经过潜心研究，发明了一种新颖的专供家庭和个人使用的迷你型电脑，这种电脑不仅运行速度快、使用方便，而且成本低廉。孔小明跟与他关系最好的5位同事商量，决心自己开公司生产这种电脑，这5位同事都是出色的电脑工程师，一致认为孔小明的电脑必定前景广阔，于是6人决定辞去高薪职位，共同创立一家属于自己的公司。

　　可开设新公司至少需要100万元的资金，这成为摆在这些创业者面前的一道难题。为了筹集这笔资金，孔小明向银行申请贷款，但因无有效抵押品而遭到银行的拒绝。最后，孔小明接受了小乔老师的建议，立即向有关部门登记，正式成立了新公司，以发行股票的方式募

集资金。这样，孔小明的公司——联创电脑股份有限公司便诞生了。

公司成立的第一件事就是发行价值100万元的股票，每股面额1元，这100万股股票就是联创电脑公司的创立股。随后，孔小明和5位合伙人东奔西跑，竭力劝说亲朋好友购买他们的股票，最后好不容易才凑齐了100万元的创业资金。

每一个购买了联创电脑公司股票的人，都能从该公司领到一种证书，上面记载着股份数等内容，这种证书就是股票。持有股票的人便是公司的股东，持股的多少决定着股东在公司中的发言权的大小以及今后领取股息和红利的多少。

作为公司发起人的孔小明购买了20万张股票，成为公司最大的股东，并被推选为公司的董事长。几年后，由于联创电脑公司的产品销路很好，购买该公司股票的人都获得了丰厚的回报。

❯ 小乔老师案例分析

从故事中同学们可以得知，股票其实就是一种投资凭证，购买股票其实就是投资。购买了一家公司的股票后，就相当于向这家公司进行了投资，这样做至少能得到以下几个好处：

1. 公司在盈利后，持股人可以按照持股的多少分到股息红利。

2. 如果股票涨价，持股人可以获得差额收益。比如，在公司经营状况很好的情况下，股票就会涨价。可能股票的票面价值只是每股1元，但在市场上的价格却可能会涨到每股20元。

3. 当公司扩展业务、增加资本时，持股人也可以享受增资配股的红利。

4. 股东可以参与公司的管理。通常，参与公司管理权利的大小与股东持有股票的多少直接相关。例如，孔小明拥有公司20％的股票，是公司最大的股东，因而就被推举为公司的董事长。

5. 当货币贬值时，股票常常会因为公司资产增值而升值。所以，买股票还有保值、增值的作用。

≫ 第二节　股票的相关知识

❯ 什么是A股、B股、H股、N股、S股？

我国上市公司的股票有A股、B股、H股、N股和S股等的区分，这一区分主要由股票的上市地点和所面对的投资者决定。

A股的正式名称是人民币普通股票。它是由我国境内的公司发行的，供境内机构、组织和个人以人民币认购和交易的普通股股票。我国A股市场经过近几年的快速发展，已经形成较大的规模。

B股的正式名称是人民币特种股票。它是以人民币标明面值，以外币认购和买卖，在境内（上海、深圳）证券交易所上市交易的股票。它的投资人限于：外国的自然人、法人和其他组织，我国香港、澳门和台湾地区的自然人、法人和其他组织，定居在国外的中国公民，以及中国证监会规定的其他投资人。

股票的特征

H股，即注册地在内地，上市地在香港的外资股。香港的英文是HongKong，取其首字母，在香港上市的外资股就叫做H股。以此类推，在纽约和新加坡上市的股票分别叫做N股和S股。

❯ 谁可以买股票？

谁都可以买股票，只要你有一定的资金。炒股没有门槛，没有过多的限制，对学历、职务等资质条件没有要求，只要对股市感兴趣，并且手头有点闲钱，就可以去买股票。只不过股市有风险，入市需谨慎，应避免盲目冲动，理性地进行投资。只有做真正懂得股市的人，才能从股市里赚到钱。

股票走势图是咋回事？

美国《华尔街日报》曾刊登过这样一则笑话：有一名记者靠抛硬币在十字坐标上画线，正面就升一格，反面就降一格，抛了几十遍，最后画出一条曲线。他称这是一只股票的走势图，请一位著名的股票技术分析专家研究一下。该专家看了以后非常兴奋地说："此股极具上升潜力！"他向记者再三询问股票的名称，记者最终如实相告，该专家恼怒不已，拂袖而去。股票走势图其实就是把股票交易的信息实时地用曲线在坐标图上加以显示的技术图形。

怎样入市买股票？

1. 办理深、沪证券账户卡。个人只需持身份证到所在地的证券登记机构办理深圳、上海证券账户卡，法人需持营业执照、法人委托书和经办人身份证办理。

2. 找一家离住所最近的证券商，按你的意愿，照他们的要求，填几张简单的表格。如果你想更省事的话，可以在家里用电脑安装证券商提供的交易软件，足不出户，即可买卖股票。

>> 第三节　股票投资前的心理准备

▶ 自律

很多人在股市里一再犯错误，其原因在于缺乏严格的自律控制，很容易被市场假象所迷惑，最终落得一败涂地。所以在入市前，应当培养自律的性格，在别人不敢投资时仍有勇气买进，在别人蜂拥而入时仍能保持克制。

▶ 愉快

身心不平衡的人从事股票投资十分危险，轻松地投资才能轻松地获利。保持身心在一个愉快的状态下，精、气、神、脑力保持良好的状态，才能使你的判断更准确。

▶ 果断

成功在于决断之中，许多投资者心智锻炼不够，在刚上升的行情中不愿追价，而眼睁睁看着股票大涨特涨，到最后才又稀里糊涂地追涨，结果被"套牢"，叫苦不迭。一旦证明投资方向错误时，应尽快放弃原先的看法，保持实力，伺机再入，不要为了面子死撑，最终毁掉了自己的资本。

独立

刚开始投资股票的大众往往是盲从者，跟随战术有时是上策，有时却是陷阱，试着自己独立地分析行情走势往往有极大的帮助。长期实践经验、理论知识的不断积累，到一定的时候，常常会产生灵感。

>> 第四节　如何规避股市风险

不要把"炒股"作为主业

股市造就了不少富翁，但并不是每个人都可以通过股市成为富翁。股市升温时，证券公司人山人海，以至于有人上班时开小差溜到股市去了，开公司的也不搞经营改搞股票了。有些赚到钱的股民说：上班没意思，炒股一天赚的钱顶我几个月的工资。但股市赚钱容易，赔钱更容易，如果人人都以炒股为主业，工厂不开工，农民不种地，又会炒到什么呢，结果可想而知。

关注政策方向

股市涨跌既受市场因素的影响，也受政策的影响，国家宏观调控是稳定股市的基础。股市的涨跌在许多时候是同国家的政策取向密切相关的。不断关注国家的政治经济政策、了解政策取向是投资者在股市获胜的重要法宝。

❯ 注意公司的经营状况

从事股票投资，选准股最为关键。因此，对发行股票公司的基本情况要了解，不能盲目地买股。许多初涉股市的投资者连公司的基本情况都不熟悉，看到别人买什么自己就买什么，又怎么能获得成功呢？想购买哪只股票应清楚公司的基本情况，包括经营状况、财务状况等，只有这样，才能做到心中有数。

❯ 关注股票的成交量

股市的变化不易预测，股市中的各种技术指标、图形都可能人为刻意营造，以吸引散户跟风，唯有股票的成交量是真实的，它是交易成功的记录。关注想买卖的股票的成交量变化，再决定买卖才稳妥。

❯ 注意股市陷阱

股市主要有两个陷阱：多头陷阱和空头陷阱。多头陷阱是大股民功成身退时营造的假象，是充满希望的火焰。这时候，人气高涨，散户担心踏空，纷纷购买，结果却是十买九套。空头陷阱是大股民砸盘建仓时营造的绝望陷阱，是波涛汹涌让人恐惧的海浪。这时候，股价不断下跌，人气散淡，散户纷纷抛售，许多股民认为没有利润可图，而结果往往是十买九赚。尚若投资者能够反其道而行之，大多会赚钱。

🔘 及时清算

买卖股票后需要清算，每次的清算单据是唯一合法的标志交易成功的原始凭证，它可以证明你合法地拥有某只股票，是你向证券公司查证和索赔的主要依据。许多股票投资者买卖股票后不能及时清算，一旦发生错误就难以查询。

≫ 第五节 "股神"巴菲特的致富经

沃伦·巴菲特（Wareen Buffett）无疑是迄今为止世界上最成功的投资家之一，巴菲特依靠在股市、外汇市场的投资，成为世界上数一数二的富翁。1941年，刚刚11岁的巴菲特第一次涉足股市，他以每股38美元的价格买了3股城市设施优先股，在股价达到40美元时，他将股票卖出，赚到了他投资生涯的第一桶金——5美元。不料这只股票随后一路上扬，几年后竟涨到了200美元，这次经历让小巴菲特明白了投资绩优企业并长期持有股权的重要性。

很多人称巴菲特为"股神"，其实老巴并不热衷于股票炒作，他庞大的财富来自其睿智的投资。在巴菲特眼里，股票不是静止的资产

负债表，而是一个具有独特动力和潜能的鲜活企业。这种观念使得巴菲特经常作出与别人不一样的选择。1973年，美国大熊市，道琼斯指数跌破900点，他却以1 000万美元悄然入股《华盛顿邮报》，10年后这些投资升值为2亿美元，30年后变为17亿美元。类似的案例在他的投资生涯中数不胜数，有人曾做过统计，巴菲特对每一只股票的投资没有少于8年的。巴菲特曾说："短期股市的预测是毒药，应该把它摆在最安全的地方，远离儿童以及那些在股市中的行为像小孩般幼稚的投资人。"

巴菲特的成功证明了投资股票并不是凭运气，而是一种理性的事业，贵在数十年如一日地坚持。

当别人贪婪时我们恐惧，当别人恐惧时我们贪婪。无人对股票感兴趣之日，正是你应对股票感兴趣之时。

——巴菲特

股市咏叹曲

股市笨小孩

哦……宁静的小城外有一个笨小孩，

出生在70年代，

二十岁到股市不怕那行情坏，

努力在90年代，

发现啊——牛市里股票都不用去灌溉，

自然涨得很快。

哦……转眼间这么快这一个笨小孩，

又到了2000年代，

三十岁到头来也没赔也没赚，

来迎接奥运时代，

最无奈总是会慢行情一拍，

没有钱在那口袋。

哎哟——往这胸口拍一拍呀勇敢站起来，

不用大惊小怪，

哎哟——向着天空拜一拜啊别想太坏，

股市自有安排。

哦……他们说股市里赚得少亏得多，

怎么想也不明白，

专家说三千点是底部放心买，

结果我还是被套，

笨小孩依然倔强得像石头一块，

只是看着大盘发呆。

哎哟——往这胸口拍一拍啊勇敢站起来，

管它翻江倒海，

哎哟——向着天空拜一拜啊太多无奈，

股市自有安排，

股市爱笨小孩！

小结　　股票是成就财富梦想的一种有效渠道，但更是让人心跳的投资方式。股票市场是高风险、高收益的市场，投资股票须谨慎，只有真正了解股票、股市，做好了进入股市的心理准备，掌握了投资技巧，选准了入市时机，方能成为最后的成功者。

 思考与练习

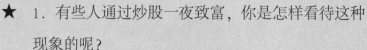

★ 1. 有些人通过炒股一夜致富，你是怎样看待这种现象的呢？

★ 2. 选择股票理财需要具备怎样的心理状态？

第七课
外汇诱人，长大再买

第七课　外汇诱人，长大再买

相信很多人对亚洲金融危机的缔造者——金融大鳄索罗斯都很熟悉，他在金融危机的前夕，敏锐地看到泰国的经济发展出现了严重的问题，认为泰国实行的是与美元挂钩的浮动汇率，比价1：27 是泰国政府高估了这一汇率比价。于是，他与多家银行签订美元对泰铢的汇率远期协议1：27左右。然后开始大量收购泰铢，并适机再把它抛到市场上。一时间泰国市场上出现了大量的泰铢，供给超出了市场的需求，导致泰铢开始贬值，无力挽救市场的泰国政府正式向世界宣布美元对泰铢的汇率比价为1：54。就这样，泰铢兑换美元整整跌了一半，而索罗斯与几家银行签订的美元兑换泰铢的汇率比价是1：27，索罗斯集团几乎赚了一半。

是什么使索罗斯拥有如此大的神力，能让整个金融市场发生如此大的变化呢？那就让我们进入本课，一起来研究一下其中的奥妙吧！

>> 第一节　外汇知识知多少

▶ 名词点击

外汇是指以外币表示的可用于国际结算的支付工具。外汇包括外币，但外汇不等于外币。外汇中还包括其他内容，如外币有价证券、外币支付凭证等，外汇的主要内容是外币支付凭证。通常情况下，只有可以自由兑换的外币才是外汇。

汇率又称汇价，是两国货币之间的兑换比率。如果把外汇看做是一种商品的话，那汇率即是在外汇市场上用一种货币购买另一种货币时的价格，如1美元=6.8元人民币。汇率的表示方法有直接标价法和间接标价法两种。

外汇交易，简单地说就是在买入一种货币的同时卖出另一种货币。它最诱人的地方就是投资者可以对两种货币的差价加以操作，从而获得自己的财富。这也是它吸引投资者的关键之所在！

> ### 外汇投资特点

1. 投资对象特殊

外汇投资的是国家的经济，而股票投资的是上市公司的业绩。

2. 时间灵活，交易公平

外汇交易属于国际性的买卖，成交量大，不可能被一两家银行或金融大户操纵。从交易时间上看，每天24小时交易，下班业余时间都可随时轻松建仓，而不用担心因为涨跌停板的限制错失良机，没有被套牢的风险。

3. 双向买卖

外汇可以买涨，也可以买跌，只要选对交易方向就能赚钱，而一般股票投资只有涨的时候才能赚钱。

4. 投资少，起点低

最低投资400元就可以开户炒汇。交易费用也比较低廉，大大减少了成本支出。成功的投资者，在一年内可有几倍的投资获利。

相关链接

财智故事

在D152小行星上生活着一位小王子，他受老国王的指派到地球上参观学习。来到地球后，他看到地球上有一种水果香甜可口，便打算买一部分带回自己的星球，小王子对负责接待的地球人说："我想买点果子带回去。"

"好的，那你打算在哪买呢？国家不同，价钱也相差很大，在中国1元人民币1个，在美国1美元1个。"地球人说。

"那我用1美元买一个好了。"小王子不假思索地回答。

"且慢！其实你不用花钱就可以。"地球人嘴角一翘，笑着说。

小王子不解地问："此话怎讲？"

地球人不紧不慢地说："你先从中国借一个果子，到美国去换

1美元，拿1美元到中国去，就可以换10个果子，拿一个果子还给中国人，你就白得了9个果子，你再拿9个果子再去换9美元，再到中国去换90个果子，再拿这90个果子再去换90美元，再到中国去换900个果子——这样下去，你不就是百万富翁了吗？"

小王子高兴地点点头，对地球人说："谢谢你，我这次的收获可真不少！"

>> 第二节　汇市有风险

外汇风险

外汇风险又称汇率风险，即因外汇市场变动引起汇率的变动，致使以外币计价的资产上涨或者下降的可能性。

外汇市场风险很大，主要由于影响外汇价格的变量太多，汇市的波动往往出乎投资者们的预料，想做外汇市场的盈利者，需要掌握一些概率方面的知识，充分认识风险和收益、赢钱和赔钱的概率及应防范的几大问题。如果对风险控制没有认识，随意买卖外汇，往往会赔钱。

外汇风险种类

1. 交易风险

交易风险是指在以外币为币种的交易过程中，因该外币与本国货币的比价发生变化而引起亏损的风险。

2. 经济风险

经济风险是指由于预计之外的汇率变动导致产品的成本、价格、产量发生变化从而导致企业未来经营成本增减不能确定的风险。

3. 储备风险

储备风险是指企业，特别是政府将其外汇以不同币种存放于银行，不同币种汇率的变动所导致的收入亏损的风险。

4. 结算风险

（1）赫斯塔特（Herstatt）风险，因1974年德国赫斯塔特银行的破产而得名，是指当交易一方已经完成交付，而另一方可能破产并无法支付外汇交割的风险，是一种外汇支付违约风险。

（2）流动性风险，是指在不存在履行支付问题的情况下，因操作上的失误或系统问题而形成的无法结算的风险。

5. 会计风险

会计风险是指由于外汇汇率的变动而引起的企业资产负债表中某些外汇资金项目金额变动的风险。从表面看，它只是一种账面风险，并没有体现到实际交易中来，但是，却会影响企业资产负债的报告结果。

6. 政治风险

政治风险源自一国的独立政治主权。作为主权国家的货币当局，一般保有没收或冻结财产、实施外汇管制及其他干预市场措施的权力。由此，对投资者而言，即产生财产可能遭受损失的政治风险。

>> 第三节 打响外汇阻击战

➤ 外汇投资准备

1. 了解自己并制定符合自己实际情况的投资策略

投资升值需求强烈、风险承受能力强的投资者，可将部分资金用于外汇买卖或投资于风险较大但投资回报率较高的外汇理财产品，并配合一些保本型投资以控制风险；风险承受能力较差或是以保本为主要目的投资者则可将大部分资金投资于一些保本型的理财产品。一般情况下，投资者可进行适当的分散投资，将个人资产投资到不同类型的理财产品，或是不同的币种中，从而有效地分散投资风险。

2. 了解产品的结构

投资者要在合适的时机选择最适合的投资产品，除了要对国际金融市场有一个基本的了解外，还应对各种产品的结构特性有一个充分的了解。

外汇的交易方式

在外汇交易中，主要存在着如下几种交易方式：即期外汇交易、远期外汇交易、外汇期货交易、外汇期权交易。

1. 即期外汇交易

又称为现货交易或现期交易，是指外汇买卖成交后，交易双方于当天或两个交易日内办理交割手续的一种交易行为。即期外汇交易是外汇市场上最常用的一种交易方式，占外汇交易总额的一大半，主要是由于即期外汇买卖不但可以满足买方临时性的付款需要，而且可以帮助买卖双方调整外汇头寸的货币比例，以避免外汇汇率风险。

2. 远期外汇交易

又称期汇交易，是指交易双方在成交后并不立即办理交割，而是事先约定币种、金额、汇率、交割时间等交易条件，到期才进行实际交割的外汇交易。

3. 外汇期货交易

指买卖双方成交后，按规定在合同约定的到期日内按约定的汇率进行交割的一种外汇交割方式。买卖双方在期货交易所以公开喊价方式成交后，承诺在未来某一特定日期，以当前所约定的价格交付某种特定标准数量的外币，即买卖双方以约定的数量、价格和交割日签订的一种合约。

4. 外汇期权交易

指交易双方在规定的期间内按商定的条件和一定的汇率，就将来是否购买或出售某种外汇的选择权进行买卖的交易。外汇期权常被视做一种有效的避险工具，因为它可以消除贬值风险以保留潜在的获利可能。

❯❯ 外汇投资技巧

1. 以"闲钱"投资

所谓"闲钱"，就是一时没有迫切、准确用途的资金。倘若投资者以家庭生活的必需费用来投资外汇，万一亏本，就会直接影响到家庭生计。外汇投资，千万不可孤注一掷。

2. 逆境时，离市休息

由于投资涉及个人利益，因此，投资者时常处于极度紧张的状态。盈利时，还有一些满足感来慰藉，但如果身处逆境，接连发生投资失误，亏损不断，这时千万要注意，不要因头脑发热而失去冷静和清醒，此时，最佳的选择是抛开一切，离市休息。休息好之后，暂时的盈亏已成为过去，头脑也会冷静下来，投资的效率也会得到提高。

3. 忍耐也是投资

投资市场有一句格言："忍耐是一种投资。"从事理财投资的人，必须培养自己的忍耐力。许多外汇投资者，并不是因为他们的分析能力低，也不是因为缺少经验，就是因为忍耐力差，导致过早买入或卖出，造成不必要的损失。

小结　　同学们，通过本节的学习，你也一定被外汇投资深深吸引了吧！但作为投资者，你应该清醒地看到，外汇投资往往伴随着一定的汇率风险及利率风险，所以必须讲究投资策略，在投资前最好制订一个简单的投资计划，做到有的放矢，以避免因盲目投资造成不必要的损失。汇市有风险，投资须谨慎呀！

思考与练习

★　1. 外汇投资具有什么特点？

★　2. 外汇的交易方式有哪几种？

第八课
爱好收藏，一举两得

第八课　爱好收藏，一举两得

收藏是一种既"古老"又"新潮"的理财方式。说它"古老"，是因为收藏自古有之，可以说，收藏伴随着整个人类的发展史，收藏作为一种理财方式也有着悠久的历史，比银行储蓄、股票、基金的出现都要早。说它"新潮"，是因为收藏还没有成为社会主流的理财方式，很多人仅仅把收藏当做一种爱好，而没有把它当做一种理财的手段。其实，收藏不仅仅可以给人们带来精神层面的享受，更不仅仅是有钱人的专利，只要方法得当，普通老百姓也可以通过收藏获取丰厚的回报。

>> 第一节　小收藏家练摊淘宝　梦想自建博物馆

刘宇庭是昆明的一名初中生，11岁开始与父亲、爷爷一道介入收藏领域，目前是云南省收藏家协会最小的会员。

受父亲及爷爷的影响，刘宇庭每个周末都要到古玩城地摊市场淘宝，起初是看别人买卖，从中学习了鉴赏和讨价还价的技巧，后来开始用自己积攒的零用钱去"练手"。渐渐地，刘宇庭的鉴赏天赋开始显现，在淘宝市场上成了"小专家"。12岁时，他在古玩城某一瓷器地摊上相中了一个福寿碗，由于卖家不懂行情，刘宇庭最终用100元零用钱买入，后来经云南省文物鉴定站鉴定后，他淘来的福寿碗是清代嘉庆年间的民窑精品，价值不菲。

由于没有经济来源，仅靠家人给的零花钱购买收藏品让刘宇庭感受到了"局限"。随着收藏规模和品鉴能力的提升，刘宇庭也学着当起了"小倒爷"。

"周末的古玩城是最好的'跳蚤'市场，只要一块绒布，

几件瓷器，就可以摆摊销售，20元就能买一个摊位，而且古玩城里齐聚着省内外各地的商贩，人流量很大，我就在那里以藏养藏。"周末一到，刘宇庭就拉上爷爷一块上阵摆摊，挣到手的钱积攒起来再去淘质量上乘的精品，不断以此循环往复。"经济实力"有限的刘宇庭还特别关注"废品"，一次他在隔壁院子的楼下发现了一个被丢弃的气锅，经仔细查验后发现竟是一个有上百年历史的古董气锅，为此他兴奋了很长时间。

一摞摞、一排排国内外收藏杂志和倚墙而立的水彩画是刘宇庭房

间内最重要的陈设，热爱阅读及作画的刘宇庭对瓷器之美有着水到渠成般的鉴赏能力。近年来，刘宇庭经手的瓷器达上百件，从宋元时期民窑烧制的骑马仕女瓷器到大清光绪年间通正司的"金玉满堂"牌匾，再或者出自名家之手的扇面手迹、云南建水紫砂制作杰出大师的紫砂气锅……经过两三年的磨炼，刘宇庭已经逐渐走上了精品收藏之路。

"我们为何要收藏？就是要积累文明、留下坐标。今天这样富足美好的生活不是一蹴而就的。我们为什么要做博物馆，是为了展现文明、展现知识，这是对世界文明的贡献，祖国的文明传承不仅是靠博物馆收藏，更是靠每个人有意识地发现与保护……"爱好收藏的刘宇庭最大的心愿就是建一个属于自己的收藏博物馆。

>> 第二节　收藏可以从集邮开始

一件珍贵的艺术收藏品，价格昂贵，对于普通百姓特别是学生而言，往往无法企及。但在日常生活中，有许多不需要花费太多金钱的收藏品，比如邮票、电影海报，甚至包括糖纸、酒瓶、火柴盒这些免费的物品，也有可能成为具有较高价值的收藏品。

以邮票为例，随着邮票诞生的集邮行为起源于兴趣，通过收藏、欣赏、研究邮票，旨在求乐，人们在欣赏邮票的同时获得精神上的满足。但在一个以经济为中心的社会中，人们在不知不觉中也把集邮当做一种产业，用金钱进行衡量，邮票成了一种特殊的商品。由于邮票具有一次性生产，发行量限定不变的特点，时间越久，数量越少，价格也就越高。另外，邮票还与一个国家的形象密切相关，因此又被称为"国家名片"。

世界上第一枚邮票于1840年在英国诞生，当时，谁也没有料到，邮票会引起风靡世界的收集活动，目前，全世界的集邮爱好者达数亿人。小小的邮票却具有非常多的学问，只有了解了集邮的知识，才能通过集邮获取财富。

收藏邮票，主要是查看邮票的质地。哪些邮票具有收藏价值呢？一是发行量少，像因设计、印刷等错误造成的错票和变体票价值极高；二是题材好，指深受邮市投资者喜爱的各种题材，如生肖邮票、古典文学题材邮票；三是设计精美别致，能让人看一眼就爱不释手的邮票，如连印形式邮票、小版张等。

邮票收藏的特点是门槛比较低，任何人都可以收藏，收藏的成本很低，特别适合学生群体。需要注意的是，喜欢集邮的青少年朋友，切莫私揭别人信封上的邮票，影响通信安全，也不应因痴迷邮票而荒废学业。收藏，靠的是日积月累，从小做起，要慢慢地积累财富，寓乐于财，而不要去贪大求全。

》 第三节　收藏品并非越老越值钱

很多收藏爱好者认为，年代越久的收藏品就越值钱。这其实是个误解。藏品的收藏价值主要体现在历史文化价值、稀罕程度和工艺水平上。一些古陶器，尽管有数千年的历史，但因其存世量大、制作粗劣，其价值远远低于后世的一些精稀藏品。汉代、唐代的一些存世量很大的铜钱，今天在市面上不过几元钱一枚，而一些现代工艺的翡翠器物，却能卖到数十万元。

收藏界有这样一种说法：当时就很值钱的东西，现在仍会很值钱；当时就不值钱的东西，现在还是不值钱。

明清时期，皇帝集中了全国最优秀的瓷匠到景德镇，专为皇家烧制瓷器。这一时期的官窑瓷器不计成本，极为精良，在当时就身价不菲。在近年的一些拍卖会上，明清官窑瓷器的精品动辄拍出数千万元的天价。而一些民用陶器、瓷器，因做工极为粗糙，没有什么工艺价值，当时也只卖几文钱一个，直至数百年后的今天，其收藏价值仍然不高，只有三五十元一件。

　　收藏品的价格弹性很大，即使是同一件收藏品，其价格也会因人、因地、因时而异。有的藏品可能收藏价值并不高，但有人为了寄托某种特别的感情，有人为了配齐系列藏品中的缺品，却视其为珍宝，不惜以大价钱购买之。

　　由于各地的收藏氛围、购买能力不尽相同，一件藏品在不同的地域价格可能有很大悬殊。例如，某国画大师的一件作品，在一般小城市的拍卖会上成交价仅1万元，在大城市可能会拍出10万元，再拿到香港，成交价可能会是几十万元，甚至上百万元。

明清官窑瓷＞宋代民用瓷

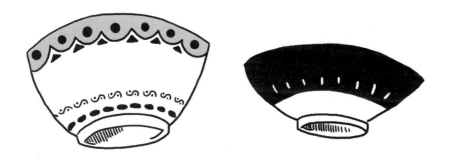

　　收藏是件很奇妙的事，有人称其是花钱的"无底洞"，有多少钱都能投进去；但同时也有人说，钱少照样能搞收藏，其中的诀窍就在于要学会以藏养藏，即以有限的资金投资于有升值潜力的藏品，在适当的时候兑现收益，再进行下一次投资。日积月累，收藏的资金投入才会逐渐减少，但藏品会越来越多。

>> 第四节　艺术品收藏投资的技巧

收藏艺术品需要有一定的文化修养和专业知识，要广泛涉猎与收藏品相关的领域，平时多研究、多观摩、多请教，掌握相关资料，慢慢积累，只有这样才能逐渐具备相关的专业知识。真正值得投资的艺术品需要具备以下条件：

⊘ 真品

决定投资的最主要条件是收藏品的真伪。由于代笔、临摹、仿制及故意伪造，市场上的赝品非常多。再好的赝品也只能当做装饰或参考，投资价值很小。投资者如果在收藏市场上花大量的钱买回假货，不仅不能盈利，还会赔本。

⊘ 精品

大多数艺术家一生的创作虽然很多，但称得上精品的却寥寥无几，有些还被收藏者终身锁定。所以，如果资金宽裕，应该选择投资精品。

⊘ 大作

大作通常含有一定的背景题材，由于艺术家一生中精力有限，大作不多，所以大作的价值比普通作品要高。

⊘ 全

全不但要求同一种类的艺术品要齐全，还要求每件收藏品要保存

完好，比如四屏条的字画，倘若某一条幅缺少，会影响其升值潜力。如果单件收藏品被虫蛀，也称为不全。此类收藏品卖价非常低，甚至难转手，不适合投资。

🔻 罕

就收藏品而言，往往是物以稀为贵。在人们还没有意识到某一类收藏品的收藏价值时，抢先收藏，不仅容易收购，而且价格低。一旦该类收藏品价值为大多数人所认同，收藏的难度就会大增。而此时，抢先入市的投资者就能够高价出售他的藏品，凭借其独到的收藏眼光获得很大的投资回报。

小结

通过对本课的学习，同学们了解到收藏不仅能给我们带来精神享受，还可以作为理财方式创造财富，一举两得。收藏不仅仅是有钱人的游戏，收藏的机会在每一个人身边，只要你掌握方法、善于利用，并且坚持持之以恒，普通人也能通过收藏积累财富。

思考与练习

★ 1. 结合自己的收藏经历，谈一下你对收藏的认识。

★ 2. 把收藏作为理财方式之前，要做好哪些准备？

编后记

满怀欣喜和憧憬，《中小学生金融知识普及丛书》带着浓浓的墨香终于和大家见面了。这是一套承载社会责任、宣传金融知识的科普读物。

1991年春天，邓小平同志提出了"金融很重要，是现代经济的核心。金融搞好了，一着棋活，全盘皆活"的著名论断。这一论断精辟地说明了金融在现代经济生活中的重要地位，深刻揭示了金融在我国改革开放和现代化建设全局中的重要作用。我国改革开放的巨大成功也全面地诠释了邓小平同志的英明论断。

近几年来，发端于美国次贷危机的全球金融危机，说明过度的金融创新会严重扰乱经济安全和社会政治稳定。但另一方面，我国金融创新不足也不适应市场经济的发展。基于这些认识，潍坊市人民政府原副市长刘伟同志提出编写一套中小学生金融知识普及丛书，旨在从金融教育入手，培养金融人才，推动金融发展。潍坊市金融学会承担了这一任务，历时两年多，终于结集成书。

在丛书出版之际，我代表编委会特别感谢原国务委员、第十届全国政协副主席李贵鲜同志，他欣然为丛书题词，这是我们莫大的荣幸。特别感谢中国人民银行济南分行党委书记、行长杨子强同志，他在百忙中专门为丛书撰写了序言。同时还感谢中国金融出版社对丛书编写给予的宝贵指导和为丛书出版所付出的辛勤劳动。

总编　刘福毅

二〇一二年六月